JEFF NEVIN
Mariachi Mastery
Songbook

CANCIONERO DE LA MAESTRÍA DEL MARIACHI

36 Traditional Songs for Young Mariachis

36 canciones tradicionales para el mariachi juvenil

Dear friend,

Congratulations on becoming a mariachi! Music is a universal language that transmits not just beautiful sounds but also culture, history and emotion: there's nothing more fun and gratifying than being a mariachi musician!

The *Mariachi Mastery Songbook* is a collection of 35 songs and exercises that correlate with *Mariachi Mastery* to help you build repertoire and become a better musician. These are some of the best known and most beloved songs from Mexico. As you progress through this songbook, please refer to the exercises in *Mariachi Mastery* to master mariachi style and the techniques you'll use in each song.

Not everyone was born Mexican, but everybody loves mariachi!

Jeff Nevin

Estimado/a amigo/a,

¡Felicidades por ser mariachi! La música es un lenguaje universal que transmite no sólo sonidos bellos, sino también la cultura, historia y emociones: no hay nada que dé más satisfacción ¡que ser mariachi!

El *CANCIONERO DE LA MAESTRÍA DEL MARIACHI* es una colección de 35 canciones y ejercicios que es correlativo con *LA MAESTRÍA DEL MARIACHI* para que crezca el repertorio que ya sabes y mejores como músico. Aquí tienes algunas de las canciones más conocidas y queridas de todo México. Mientras progresas durante éste cancionero, por favor consulta los ejercicios en *LA MAESTRÍA DEL MARIACHI* para dominar el estilo y las técnicas que usarás en cada canción.

No todos nacimos mexicanos, pero ¡todos podemos disfrutar del mariachi!

ISBN 10: 0-8497-3549-1 • ISBN 13: 978-0-8497-3549-3
©2017 **Kjos Music Press,** 4382 Jutland Drive, San Diego, California, 92117.

KJOS NEIL A. KJOS MUSIC COMPANY • Publisher

Recommended exercises/Ejercicios recomendados

The following exercises from Mariachi Mastery (112F), by Jeff Nevin (published by the Neil A. Kjos Music Company) teach musical concepts such as keys, rhythms, melodic patterns and mariachi style that are essential to play the songs in this book. Play these exercises first so your students will learn the songs faster and have a deeper understanding and appreciation of mariachi music!

Los ejercicios siguientes de La Maestría del Mariachi (112F), de Jeff Nevin (Neil A Kjos Music Company) enseñan conceptos musicales como tonos, ritmos, patrones melódicos y estilo del mariachi que son esenciales para tocar las canciones en este libro. Toque esos ejercicios primero, ¡así sus alumnos aprenderán las canciones más rápido y tendrán mayor entendimiento y apreciación profunda sobre la música del mariachi!

7. *Songbook/Cancionero*: **Cielito Lindo**
   Mariachi Mastery: *De Colores* #1, 2, 3, 6

8. **Los barandales del Puente**
   De Colores #1, 2, 3, 6
   La Valentina #4, 5

9. **Chiapanecas**
   La Valentina #1, 2, 3

10. **Sobre las olas**
    De Colores #1, 2, 3

11. **La bruja**
    De Colores #4, 6

12. **Allá en el Rancho Grande**
    La Adelita #1, 2, 3, 4

13. **En tu día**
    La Adelita #1, 2, 3, 4

14. **Los machetes**
    La Adelita #1, 2, 3, 4

15. **La marcha de Zacatecas**
    La Adelita #1, 2, 3, 4, 5, 6

16. **Campanas de Belén, y Dale, Dale, Dale**
    La Valentina #1, 2
    La Adelita #1, 2, 3, 4

17. **Canción para pedir posada**
    De Colores #6
    La Valentina #1, 2

18. **Los peces en el río**
    Las Golondrinas #1, 2, 3, 4, 5, 6, 7, 8

19. **La paloma**
    Las Golondrinas #1, 2, 3, 4, 5, 6, 7, 8
    Tristes Recuerdos #2
    La Llorona #1

20. **La cucaracha**
    De Colores #1
    Las Golondrinas #1

21. **Jarabe la botella**
    La Raspa #1, 2, 3, 4, 5, 6, 7
    La Valentina #1

22. **Jarabe tapatío**
    La Raspa #1, 2, 3, 4, 5, 6, 7
    La Valentina #1
    Tristes Recuerdos #1

23. **La culebra**
    La Bamba #1, 2
    De Colores #2

24. **El tilingo lingo**
    La Bamba #1
    Tristes Recuerdos #1

25. **Chaparrita de mi vida**
    El Caballito #1, 2, 3, 4, 5, 6
    De Colores #1

26. **El son del conejo**
    El Caballito #1, 2, 3, 4, 5, 6
    De Colores #1

27. **Arriba Pichátaro**
    El Caballito #1, 2, 3, 4, 5, 6
    El Súchil #1, 2, 3, 4, 5
    El Son de mi Tierra #1, 2, 3, 4
    La Valentina #1

28. **El relámpago**
    El Caballito #1, 2, 3, 4, 5, 6
    El Súchil #1, 2, 3, 4, 5
    El Son de mi Tierra #1, 2, 3, 4
    De Colores #1

29. **Las abajeñas**
    El Caballito #1, 2, 3, 4, 5, 6
    El Súchil #1, 2, 3, 4, 5, 7
    De Colores #1

30. **De domingo a domingo**
    La Llorona #1, 2, 3, 4, 5
    De Colores #1

31. **Canto a Veracruz**
    María Chuchena #1, 2, 3, 4, 5, 6
    Tristes Recuerdos #1

32. **Balajú**
    María Chuchena #1, 2, 3, 4, 5, 6
    La Valentina #1

33. **El son del potro**
    De Colores #1
    El Son de mi Tierra #1, 2, 3, 4

33. **El son del potro**
    La Valentina #1
    El Son de mi Tierra #1, 2, 3, 4

Las mañanitas mexicanas Warm Up

Ejercicio de calentamiento para "Las mañanitas mexicanas"

Michael A. Smith, Jeff Nevin

Las mañanitas mexicanas

Ranchera Valseada

Mexican Folk Song
Canción popular mexicana

3

Twinkle, Twinkle, Little Star Warm Up

Ejercicio de calentamiento para "Twinkle, Twinkle, Little Star"

Michael A. Smith, Jeff Nevin

Bolero Ranchero

Twinkle, Twinkle, Little Star Warm Up

Ejercicio de calentamiento para "Twinkle, Twinkle, Little Star"

Michael A. Smith, Jeff Nevin

4

Twinkle, Twinkle, Little Star

arr. Michael A. Smith, Jeff Nevin

Bolero Ranchero

5

Bolero Ranchero

Ode to Joy Warm Up

Ejercicio de calentamiento para "Ode to Joy"

Michael A. Smith, Jeff Nevin

6

Ode to Joy

Bolero Ranchero

Ludwig van Beethoven

Cielito Lindo

Ranchera Valseada

Quirino Mendoza y Cortés (1862–1957)

Ranchera Valseada

ta_y no llo - res, _____ por - que can - tan - do se_a - le - gran, Cie - li - to

Lin - do, los co - ra - zo - nes. _____

8 p.168

Los barandales del puente

Ranchera Valseada

Mexican Folk Song
Canción popular mexicana

Ranchera Valseada

Chiapanecas

Vals

Mexican Folk Song
Canción popular mexicana

Vals

Vals

Vals

D.S. al Fine

10 Sobre las olas

Vals

Juventino Rosas (1868–1894)

Vals

Vals

Vals

Vals

p.169

La bruja

Ranchera Valseada

Mexican Folk Song
Canción popular mexicana

p.169

Ranchera Valseada

Ranchera Valseada

Ranchera Valseada

Ranchera Valseada

Ranchera Valseada

p.170

Allá en el Rancho Grande

Ranchera Polkeada

Mexican Folk Song
Canción popular mexicana

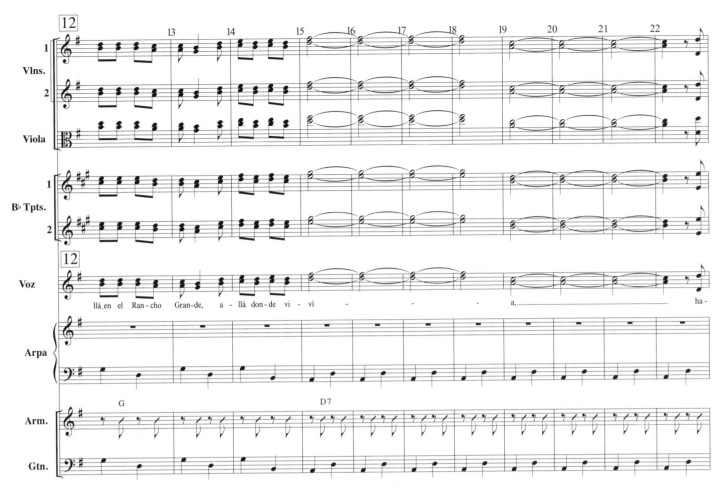

Ranchera Polkeada

Ranchera Polkeada

Ranchera Polkeada

Ranchera Polkeada

Verse/Verso 1

Te voy a hacer tus calzones
como los usa el ranchero,
te los empiezo de lana,
te los acabo de cuero

Chorus/Coro

Verse/Verso 2

El gusto de los rancheros
es tener su buen caballo,
apretarle bien la silla
y correrlo por el llano.

Chorus/Coro

Verse/Verso 3

El gusto de las rancheras
es usar su buen calzado
y ponérselo el domingo
cuando bajan al poblado.

Chorus/Coro

En tu día

Ranchera Polkeada

Mexican Folk Song
Canción popular mexicana

14

Los machetes

Danza de Nayarit, Jalisco y Colima

Mexican Folk Song
Canción popular mexicana

Danza de Nayarit, Jalisco y Colima

Danza de Nayarit, Jalisco y Colima

La marcha de Zacatecas

Marcha

Genaro Codina (1852–1901)

Marcha

Marcha

Marcha

16 Campanas de Belén, y Dale, dale, dale

Ranchera Polkeada

Mexican Folk Songs
Canciones populares mexicanas

Ranchera Polkeada

Ranchera Polkeada

Ranchera Polkeada

Ranchera Polkeada

éis? Da - le, da - le, da - le, no pier - das el ti - no; por - que si lo pier - des
Da - le, da - le, da - le, no pier - das el ti - no; mi - de la dis - tan - cia

pier - des el ca - mi - no.
que_hay en el ca - mi - no. Be - lén cam - pa - nas de Be - lén que los án - ge - les

to - can ¿qué nue - vas nos tra - éis?

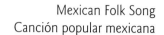

Canción para pedir posada

Ranchera Valseada

Mexican Folk Song
Canción popular mexicana

Ranchera Valseada

Ranchera Valseada

Ranchera Valseada

p.174

Los peces en el río

Bolero Ranchero

Mexican Folk Song
Canción popular mexicana

Bolero Ranchero

La Vir - gen se_es - tá pei - nan - do en - tre cor - ti - na_y cor - ti - na. Sus ca - be - llos son de
La Vir - gen la - va pa - ña - les y los tien-de_en el ro - me - ro. Los pa - ja - ri - llos can-
La Vir - gen va ca - mi - nan - do, va ca - mi - nan - do so - li - ta. No lle - va más com - pa -

Bolero Ranchero

19

La paloma

Bolero Ranchero

Sebastian Yradier (1809–1865)

Bolero Ranchero

20

p.175

La cucaracha

Bolero Rítmico (Danzón)

Mexican Folk Song
Canción popular mexicana

Bolero Rítmico (Danzón)

Bolero Rítmico (Danzón)

Bolero Rítmico (Danzón)

Bolero Rítmico (Danzón)

Bolero Rítmico (Danzón)

Bolero Rítmico (Danzón)

Verse/Verso 2
(from the Mexican Revolucion, 1910)
(de la Revolución Mexicana, 1910)

Una cosa me da risa,
Pancho Villa sin camisa.
Ya se van los Carrancistas
porque vienen los Villistas.

(repeat/se repite)

Verse/Verso 3
(from/de 1818)

Un capitán de marina
que vino en una fragata,
entre varios sonesitos
trajo el de "La cucaracha".

(repeat/se repite)

Jarabe la botella

Jarabe

Mexican Folk Song
Canción popular mexicana

128F

Jarabe

Jarabe

Jarabe

Jarabe

Jarabe

Jarabe tapatío

Jarabe

Mexican Folk Song
Canción popular mexicana

Jarabe

Jarabe

Jarabe

Jarabe

Jarabe

Jarabe

Jarabe

La culebra

Son de Jalisco

Mexican Folk Song
Canción popular mexicana

23

Son de Jalisco

Son de Jalisco

El tilingo lingo

Son Jarocho

Mexican Folk Song
Canción popular mexicana

Son Jarocho

Son Jarocho

al Coda ⊕

al Coda ⊕

lin, ay to-lón to - lón to - lón, qué bo-ni - tas qué bo - ni - tas las hi - jas de Don Si -

món.

Son Jarocho

Son Jarocho

Verse/Verso 2

El son del Tilingo lingo
tiene un ritmo sabrosón
que se baila con estilo
de La bamba y el danzón.
(repeat/se repite)

Chorus/Coro

Verse/Verso 3

El Tilingo es un fandango
de ritmo muy singular,
hay que ponerse muy chango
pa' poderlo zapatear.
(repeat/se repite)

Chorus/Coro

Son Jarocho

25   p.177

Chaparrita de mi vida

Son Jalisciense

Mexican Folk Song
Canción popular mexicana

Son Jalisciense

Verse/Verso 2

Chaparrita de mi vida,
ya no te andes desvelando,
(repeat/se repite)

Chorus/Coro 2

Porque a mí no me conviene,
chaparrita de mi vida,
porque a mí no me conviene
la vida que te andas dando.
(repeat/se repite)

Verse/Verso 3

Chaparrita de mi vida
dice tu mamá que ¿qué haces?
(repeat/se repite)

Chorus/Coro 3

Que si no tienes qué hacer,
chaparrita de mi vida,
que si no tienes qué hacer,
que me beses y me abraces.
(repeat/se repite)

Verse/Verso 4

Chaparrita ¿de 'onde vienes,
cansada de caminar?
(repeat/se repite)

Chorus/Coro 4

Vengo de 'onde corre el agua,
chaparrita de mi vida,
vengo de 'onde corre el agua,
del Puerto de Mazatlán.
(repeat/se repite)

El son del conejo

Son Jalisciense

Mexican Folk Song
Canción popular mexicana

D.C., then continue/y sigue

Son Jalisciense

27

Arriba Pichátaro

Son Jalisciense

Mexican Folk Song
Canción popular mexicana

Son Jalisciense

Son Jalisciense

El relámpago

Son Jalisciense

Mexican Folk Song
Canción popular mexicana

Son Jalisciense

29

p.178

Las abajeñas
Son Jalisciense

Mexican Folk Song
Canción popular mexicana

Verse/Verso 2
Me gustan las abajeñas que saben la ley de Dios,
que largan a sus maridos por irse con otros dos.
(repeat/se repite)

Chorus/Coro 2
Déjala que vaya, ella volverá,
si amores la llevan, mi vida, celos la traerán.
(repeat/se repite)

Verse/Verso 3
Mañana me voy pa' bajo a ver un amor que tengo.
¿Qué dices, me dejas ir? No me tardo, ahorita vengo.
(repeat/se repite)

Chorus/Coro 3
Déjala que vaya, ella volverá,
si amores la llevan, mi vida, celos la traerán.
(repeat/se repite)

De domingo a domingo

Huapango

Mexican Folk Song
Canción popular mexicana

p.179

De do - min - go_a do - min - go
U - na fle - cha_en el ai - re

Huapango

Huapango

31 p.180

Canto a Veracruz
Son Jarocho

Mexican Folk Song
Canción popular mexicana

Son Jarocho

Son Jarocho

Balajú

Son Jarocho

Mexican Folk Song
Canción popular mexicana

Son Jarocho

Verse/Verso 3

(solo) Ese que bailó contigo, dicen que te ama de veras,
dicen que te ama de veras ese que bailó contigo.

(coro) Yo no sé lo que consigo recordando lo que tú eras,
ahora bailarás conmigo aunque quieras o no quieras.

Verse/Verso 4

(solo) Ariles y más ariles, ariles de la cañada,
la mujer es la que pierde, el hombre no pierde nada.

(coro) Ariles y más ariles, ariles del carrizal,
me picaron las abejas pero me comí el panal.

Verse/Verso 5

(solo) Quiero decir y no quiero decir a quién quiero bien,
decir a quién quiero bien, quiero decir y no quiero.

(coro) Porque si digo a quién quiero ya van a saber a quién,
Y eso es lo que no quiero, decir a quién quiero bien.

Verse/Verso 6

(solo) Ariles y más ariles, ariles y así decía,
de noche te vengo a ver porque no puedo de día.

(coro) Ariles y más ariles, ariles del carrizal,
me picaron las abejas pero me comí el panal.

Son Jarocho

33

El son del potro

(son jalisciense, thirds and triads etude—Sol Mayor)

Jeff Nevin

Son Jalisciense

Son Jalisciense

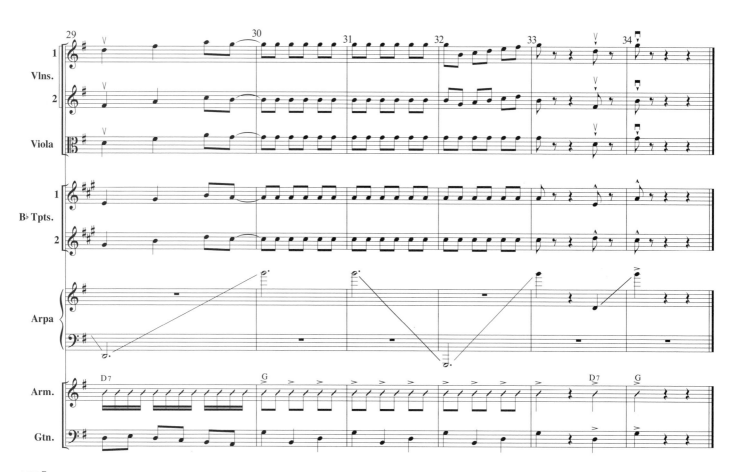

El son del potro

(son jalisciense, thirds and triads etude—Re Mayor)

Jeff Nevin

34

Son Jalisciense

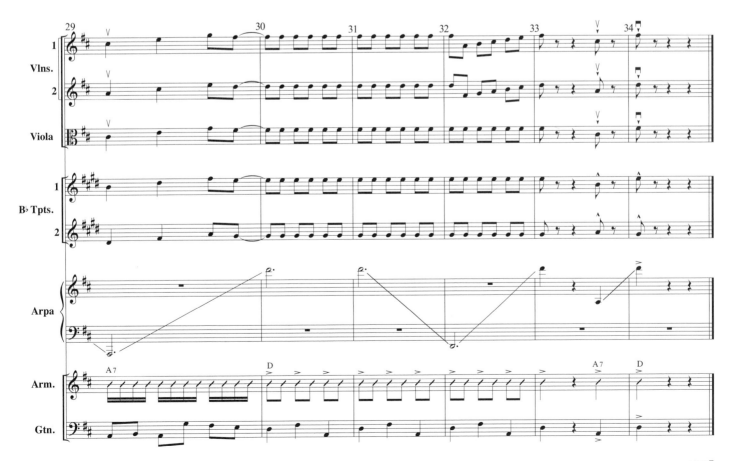

Son Jalisciense

35

Colores de acordes

(chord etude—La Mayor)

Jeff Nevin

Colores de acordes

(chord etude—Re Mayor)

Jeff Nevin

2

Las mañanitas mexicanas
Ranchera Valseada

Mexican Folk Song
Canción popular mexicana

Moderato

Voz

És-tas son las ma-ña - ni - tas que can-

ta - ba el rey Da - vid.

{ Hoy por ser día de tu san - to te las can-
{ A las mu - cha - chas bo - ni - tas se las can-

ta - mos a ti. }
ta - mos a - sí. }
Des - pier - ta mi bien, des - pier - ta, mi -

ra que ya a - ma - ne - ció.
Ya los pa - ja - ri - llos can - tan, la lu - na

ya se me - tió. ____
tió. ____

Cielito Lindo

Ranchera Valseada

Quirino Mendoza y Cortés (1862–1957)

Los barandales del puente

Ranchera Valseada

Mexican Folk Song
Canción popular mexicana

Los ba - ran - da - les del puen - te,
se_es - tre - me - cen cuan - do pa - so, mo - re - na
mí - a, da - me_un a - bra - zo.

Si_es - tá ca - yen - do que cai - ga,
que cai - ga po - co_a po - qui - to, mo - re - na
mí - a, da - me_un be - si - to.

De to - das a ti te quie - ro,
de las de - más no_ha - go ca - so, mo - re - na
mí - a, da - me_un a - bra - zo.

Da - me tu ma - no mo - re - na,
pa - ra su - bir al tran - ví - a
que_es - tá ca - yen - do la nie - ve frí - a.

Si_es - tá ca - yen - do que cai - ga
a - só - ma - te_a tu ven - ta - na
mo - re - na mí - a due - ña de mi_al - ma.

Ya con és - ta me des - pi - do,
en - tre per - fu - mes de_a - zaha - res
a - quí se_a - ca - ban Los ba - ran - da - les.

La bruja

Ranchera Valseada

Mexican Folk Song
Canción popular mexicana

Ay qué bo - ni - to_es vo - lar_____
Ay qué bo - ni - to_es vo - lar_____

a las on - ce de la no - che, a las on - ce de la no - che,
a las dos de la ma - ña - na, a las dos de la ma - ña - na,

ay qué bo - ni - to_es vo - lar ¡ay ma - má! Pa - ra ve - nir a que -
ay qué bo - ni - to_es vo - lar ¡ay - ma - má! Vo - lar y de - jar - se ca -

dar_____ en los ti - ran - tes de_un co - che, en los ti - ran - tes de_un
er_____ en los bra - zos de_u - na da - ma, en los bra - zos de_u - na

co - che, has - ta qui - sie - ra llo - rar ¡ay ma - má! Me_a - ga - rra la
da - ma, ay qué bo - ni - to_es vo - lar ¡ay ma - má! Me_a - ga - rra la

bru - ja y me lle - va_al cuar - tel, me vuel - ve ma - ce - ta y me da de co - mer, me_a - ga - rra la
bru - ja y me lle - va_al cuar - tel, me vuel - ve ma - ce - ta y me da de co - mer, me_a - ga - rra la

bru - ja y me lle - va_a su ca - sa, me vuel - ve ma - ce - ta y me da ca - la - ba - za.} Y dí - ga - me,
bru - ja y me lle - va_al ce - rri - to, me sien - ta_en sus pier - nas y me da de be - si - tos.}

dí - ga - me, dí - ga - me_us - ted ¿cuán - tas cria - tu - ri - tas se_ha chu - pa - do_us - ted? Nin - gu - na, nin - gu - na, nin -

gu - na no sé, an - do_en pre - ten - sio - nes de chu - par - me_a_us - ted.

Allá en el Rancho Grande

Ranchera Polkeada

Mexican Folk Song
Canción popular mexicana

Verse/Verso 1

Te voy a hacer tus calzones
como los usa el ranchero,
te los empiezo de lana,
te los acabo de cuero.

Chorus/Coro

Verse/Verso 2

El gusto de los rancheros
es tener su buen caballo,
apretarle bien la silla
y correrlo por el llano.

Chorus/Coro

Verse/Verso 3

El gusto de las rancheras
es usar su buen calzado
y ponérselo el domingo
cuando bajan al poblado.

Chorus/Coro

En tu día

Ranchera Polkeada

Mexican Folk Song
Canción popular mexicana

16 Campanas de Belén, y Dale, dale, dale

Ranchera Polkeada

Mexican Folk Songs
Canciones populares mexicanas

Cam-pa-na so-bre cam-pa - na y so-bre cam-pa-na
Cam-pa-na so-bre cam-pa - na y so-bre cam-pa-na

u - na, a - só-ma-te_a la ven-ta - na, ve - rás al Ni - ño_en la
dos,_____ a - só-ma-te_a la ven-ta - na, por-que_es-tá na-cien-do

cu - na. Be - lén, cam-pa-nas de Be - lén, que los án-ge-les to - can ¿qué
Dios.

nue-vas nos tra - éis? Be - nue-vas nos tra - éis?_____ Re - co-gi - do
Ca - mi-nan-do_a

tu re - ba - ño ¿a - dón - de vas pas-tor-ci - llo? Voy a lle - var
me - dia-no - che ¿dón - de ca - mi-nas pas-tor?___ Le lle-vo_al Ni -

al por - tal____ re - que - són man-te-ca_y vi - no. Be - lén cam-
ño que na - ce co - mo_a Dios___ mi co - ra-zón.___ Be - lén cam-

al Coda
D.S. al Coda
pa-nas de Be - lén que los án-ge-les to - can ¿qué nue-vas nos tra - éis?
pa-nas de Be - lén que los án-ge-les to - can ¿qué nue-vas nos tra -

Coda
éis? Da - le, da - le, da - le, no pier-das el ti - no; por-que si lo
Da - le, da - le, da - le, no pier-das el ti - no; mi - de la dis-

pier - des pier-des el ca - mi - no.
tan - cia que_hay en el ca - mi - no. Be - lén cam-pa-nas de Be -

lén que los án-ge-les to - can ¿qué nue-vas nos tra - éis?

Canción para pedir posada

17

Ranchera Valseada

Mexican Folk Song
Canción popular mexicana

Moderato | **6** Outside/Afuera

En el nom-bre del Cie - lo os
Po - sa-da te pi - de, a
Mi es-po-sa es Ma - rí - a, es

pi-do po-sa - da, pues no pue-de an-dar
ma-do ca-se - ro, por só-lo u-na no - che,
Rei-na del Cie - lo, y ma-dre va a ser

mi es-po-sa a-ma - da.
la Rei-na del Cie - lo.
del Di-vi-no Ver - bo.

24 Inside/Adentro

A-quí no es me - són, si-gan a-de-lan -
Pues si es u-na Rei - na quien lo so-li-ci -
¿E-res tú Jo - sé? ¿Tu es-po-sa es Ma-rí -

te, yo no pue-do a-brir, no sea al-gún tu-
ta, ¿có-mo es que de no - che an-da tan so-
a? En-tren, pe-re-gri - nos, no los co-no-

1, 2. | **3. Allegro** Inside/Adentro **43**

nan - te. a. En-tren san-tos pe-re-gri-nos, pe-re-
li - ta?
cí -

gri-nos, re-ci-ban es-te rin-cón, que aun-que es po-bre la mo-ra-da, la mo-ra-da os la

53 All inside/Todos adentros

doy de co-ra - zón. Can-te - mos con a-le-grí-a, a-le-grí-a to-dos al con-si-de -

poco rit. **2**

rar, que Je-sús, Jo-sé y Ma-rí-a, Jo-sé y Ma-rí-a nos vi-nie-ron a hon-rar.

64–65

Los peces en el río

Bolero Ranchero

Mexican Folk Song
Canción popular mexicana

La Vir-gen se_es-tá pei - nan - do
La Vir-gen la - va pa - ña - les
La Vir-gen va ca - mi - nan - do,

en - tre cor - ti - na_y cor - ti - na. Sus ca - be - llos son de
y los tien-de_en el ro - me - ro. Los pa - ja - ri - llos can -
va ca - mi - nan - do so - li - ta. No lle - va más com - pa -

o - ro y_el pei - ne de pla - ta fi - na. Pe-ro
tan - do y_el ro - mer - ro flo - re - cien - do. Pe-ro
ñi - a que_al Ni - ño de su ma - ni - ta.

mi - ra co - mo be - ben los pe - ces en el río, pe-ro mi - ra co - mo be - ben por

ver a Dios na - ci - do. Be - ben y be - ben y vuel-ven a be - ber, los

pe - ces en el rí - o por ver a Dios na - cer.

cer.

cer.

La cucaracha

Bolero Rítmico (Danzón)

Mexican Folk Song
Canción popular mexicana

Verse/Verso 2
(from the Mexican Revolucion, 1910)
(de la Revolución Mexicana, 1910)

Una cosa me da risa,
Pancho Villa sin camisa.
Ya se van los Carrancistas
porque vienen los Villistas.

(repeat/se repite)

Verse/Verso 3
(from/de 1818)

Un capitán de marina
que vino en una fragata,
entre varios sonesitos
trajo el de "La cucaracha".

(repeat/se repite)

24

El tilingo lingo

Son Jarocho

Mexican Folk Song
Canción popular mexicana

Ay que bo - ni - to_es bai -

lar   el son del Ti - lin - go   lin - go   que lo pue-de za - pa - tear   tan-to_el chi-no co-mo_el

grin-go.   Ay qué bo-ni-to_es bai - lar   el son del Ti - lin - go   lin - go,   que lo pue-de za - pa -

tear   tan-to_el chi-no co-mo_el grin-go.   Ay re-pi - ca pi - ca   pi - ca,   re-pi-ca_y re-pi-que -

tean-do,   qué bo-ni-tas qué bo - ni - tas to-das las que_es-tán bai - lan-do.   Ay ti-lín   ti-lín   ti-

lín,   ay to-lón to-lón to - lón,   qué bo-ni-tas qué bo - ni-tas las hi - jas de Don Si -

món.

2. El son del Ti - lin - go -
3. El Ti-lin-go_es un fan -

Coda

món.

Verse/Verso 2

El son del Tilingo lingo
tiene un ritmo sabrosón
que se baila con estilo
de La bamba y el danzón.
(repeat/se repite)

Chorus/Coro

Verse/Verso 3

El Tilingo es un fandango
de ritmo muy singular,
hay que ponerse muy chango
pa' poderlo zapatear.
(repeat/se repite)

Chorus/Coro

Chaparrita de mi vida

Son Jalisciense

Mexican Folk Song
Canción popular mexicana

Cha - pa - rri - ta de _____ mi

vi - da _____ a - le - gría de mis _____ pe - sa - res, _____ cha - pa - rri - ta de _____ mi

vi - da _____ a - le - gría de mis _____ pe - sa - res, _____ Te_en - car -

go que no me_ol - vi - des, _____ cha - pa - rri - ta de mi vi - da, _____ te_en - car -

go que no me_ol - vi - des don - de - quie - ra que _____ te_ha - lla - res. _____ Te_en - car -

lla - res.   Cha - pa -

Verse/Verso 2

Chaparrita de mi vida,
ya no te andes desvelando,
(repeat/se repite)

Chorus/Coro 2

Porque a mí no me conviene,
chaparrita de mi vida,
porque a mí no me.conviene
la vida que te andas dando.
(repeat/se repite)

Verse/Verso 3

Chaparrita de mi vida
dice tu mamá que ¿qué haces?
(repeat/se repite)

Chorus/Coro 3

Que si no tienes qué hacer,
chaparrita de mi vida,
que si no tienes qué hacer
que me beses y me abraces.
(repeat/se repite)

Verse/Verso 4

Chaparrita ¿de 'onde vienes,
cansada de caminar?
(repeat/se repite)

Chorus/Coro 4

Vengo de 'onde corre el agua,
chaparrita de mi vida,
vengo de 'onde corre el agua,
del Puerto de Mazatlán.
(repeat/se repite)

Las abajeñas

Son Jalisciense

Mexican Folk Song
Canción popular mexicana

Me gus - tan las a - ba - je - ñas ___ por al - tas y pre - su - mi - das, ___ se ba - ñan y se com - po - nen ___ y siem - pre des - co - lo - ri - das. Me - das.

Chorus/Coro

Ma - ri - qui - ta, mi_al - ma, yo te lo de - cí - a que tar - de_o tem - pra - no, mi vi - da, ha - bías de ser mí - a. - a.

**D.S. al Coda
2 times/2 veces**

2. Me
3. Ma -

Coda

Verse/Verso 2
Me gustan las abajeñas que saben la ley de Dios,
que largan a sus maridos por irse con otros dos.
(repeat/se repite)

Chorus/Coro 2
Déjala que vaya, ella volverá,
si amores la llevan, mi vida, celos la traerán.
(repeat/se repite)

Verse/Verso 3
Mañana me voy pa' bajo a ver un amor que tengo.
¿Qué dices, me dejas ir? No me tardo, ahorita vengo.
(repeat/se repite)

Chorus/Coro 3
Déjala que vaya, ella volverá,
si amores la llevan, mi vida, celos la traerán.
(repeat/se repite)

De domingo a domingo
Huapango

Mexican Folk Song
Canción popular mexicana

De do-min-go_a do-min - go   te ven-go_a
U - na fle-cha_en el ai - re   ti - ró Cu-

ver____   ¿cuán-do se - rá do-min - go, Cie-li-to Lin - do, pa-ra vol - ver? Ay,
pi - do,____   y la ti-ró ju-gan - do, Cie-li-to Lin - do, y_a mí me_ha_he-ri-do. Ay,

ay, ay, ay, ay.   Yo bien qui - sie - ra   que to-da la se-ma - na, Cie-li-to Lin-
ay, ay, ay, ay.   Mor-tal la_he - ri - da,   que si tú no la cu - ras, Cie-li-to Lin-

- do, do-min-go fue - ra. Ay,   ay, ay, ay, ay.____   Yo_a las mo-re-nas quie-
- do, pier-do la vi - da. Ay,   ay, ay, ay, ay.____   Di-cen que no se sien-

- ro____   des - de que su-pe que____
- te____   la des - pe - di - da, di -

___ mo - re - na_es la   Vir - gen____   de Gua-da - lu - pe. Ay,____
- le_al que te lo   cuen - te____   que_e-so_es men-ti - ra,   Ay,____

ay, ay, ay, ay.____   Es bien sa - bi-do que____
ay, ay, ay, ay.____   Por-que te mi-ro lá -

a - mor de mo - re - na____   nun-ca_es fin-
gri-mas en los o - jos____   no me des-

1.   **2.**

gi-do. Ay,____   ay, ay, ay, ay.____
pi-do. Ay,____   ay, ay, ay, ay.____   (ay.)

Canto a Veracruz

Son Jarocho

Mexican Folk Song
Canción popular mexicana

Soy de_es-a tie-rra de luz,____ tan be - lla co-mo no_hay dos.
Cuan-do co-mien-za_el fan-dan-go__ ya se_em-pie-zan a_a-fi - nar,
Con el ar-pa y_el vio - lín____ can-tan-do con a - le - gría

Es mi lin-do Ve-ra - cruz,____ tie - rra ben - di - ta de Dios.____
se_a-rran-can con un hua-pan-go y se po - nen a can-tar.____
se pa-san los tro-va-do-res to - da la____ no-che y_el día.____

Por to-di-ta la re - gión,_____ se_oy-en a - le-gres can - ta-res___
A - llá por la ma-dru-ga-da__ si_él to-ca por Re me - nor____
Sin que fal-te la ja - ra-na__ pa-ra_a-com-pa-ñar el son,____

que se ba-ñan con el sol__ en-tre_a-rru - llos de pal-ma - res.__
se_o-yen muy dul-ces to - na-das in-spi-ra - das con a-mor.____ }Yo le can-
mú-si-ca ve-ra-cru-za-na que lle-vo_en el co-ra-zón.____

- to con a - mor____ a mi tie - rra tro-pi-cal.____ Que bo-ni-

- to_es Ve - ra - cruz,____ nun-ca lo____ po-dré_ol-vi-dar.____